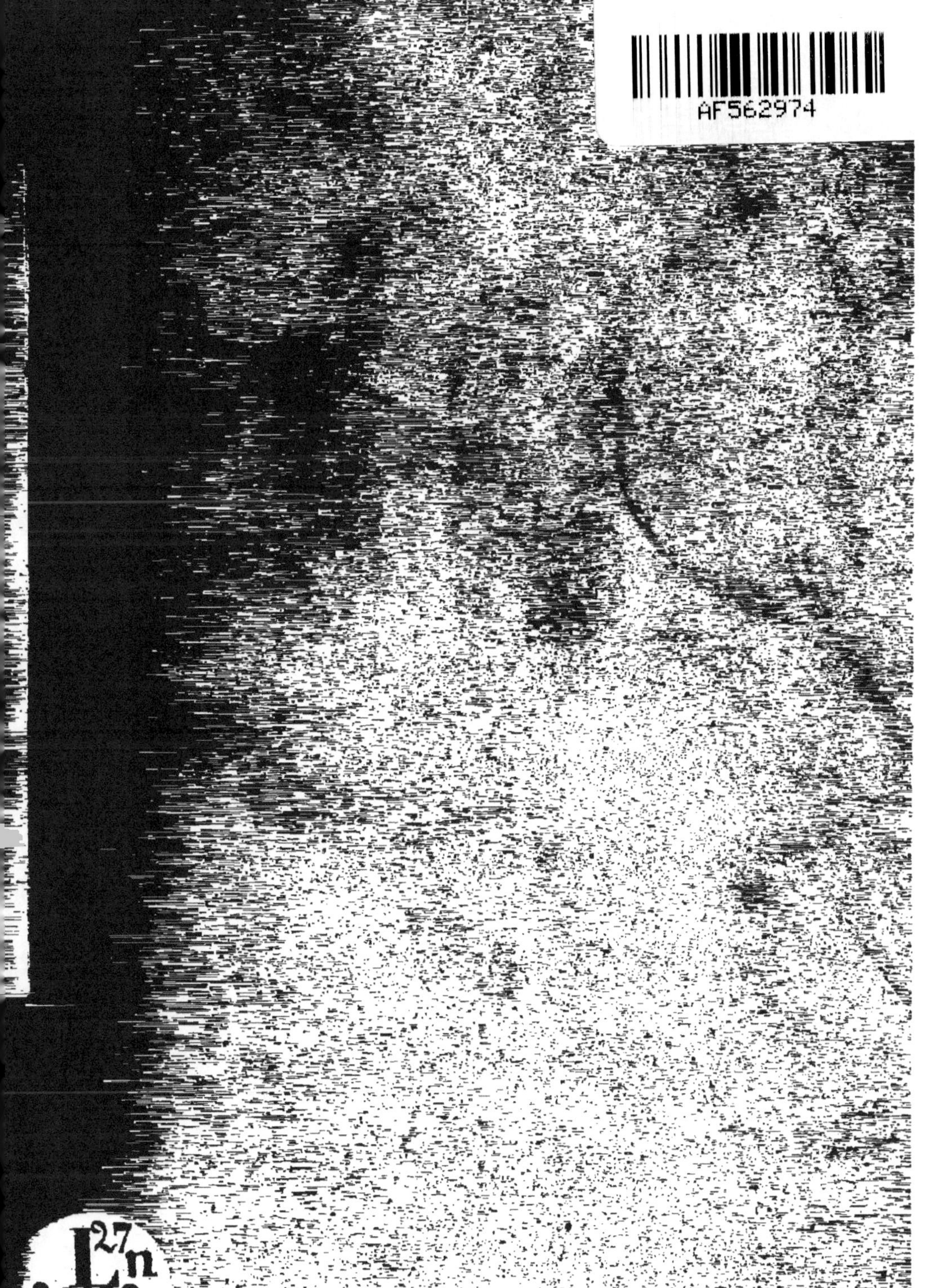

AF562974

L^{27}n

NOTICE NÉCROLOGIQUE

SUR

CLAUDE-NICOLAS GAYOT

MÉDECIN VÉTÉRINAIRE DU DÉPARTEMENT

PAR M. CH. REMY

Membre titulaire de la Société d'Agriculture, Commerce, Sciences et Arts du département de la Marne.

BIBLIOTHÈQUE IMPÉRIALE IMPR.

CHALONS-SUR-MARNE

J.-L. LE ROY, IMPRIMEUR-LIBRAIRE

1869

NOTICE NÉCROLOGIQUE

SUR CLAUDE-NICOLAS GAYOT

MÉDECIN VÉTÉRINAIRE DU DÉPARTEMENT

PAR M. CH. REMY

Membre titulaire de la Société d'Agriculture, Commerce, Sciences et Arts du département de la Marne.

L'homme modeste dont nous allons nous entretenir, parcourut une carrière longue et bien remplie à travers l'époque la plus agitée de notre histoire. Né dans les premières années du règne de Louis XVI, combien vit-il de changements s'opérer depuis dans les Etats, dans les mœurs, dans les hommes ! Lui, sans paraître s'en douter, resta simple, bon, affable, obligeant pour tout le monde, estimé et honoré des grands comme des petits.

Je ne suis point le premier à faire l'éloge de M. Gayot, médecin vétérinaire du département, ancien officier de cavalerie, chevalier de la Légion d'honneur, membre de la Société d'Agriculture, commerce, sciences et arts de la Marne, du Comice agricole de l'arrondissement de Châlons, président de la Société vétérinaire de la Marne, et de l'Association des médaillés de Sainte-Hélène, mort à Châlons-sur-Marne le 24 mars 1868.

De remarquables discours ont été prononcés sur sa tombe par MM. Garinet, conseiller honoraire de préfecture, Duguet, vice-président de la Société d'Agriculture, commerce, sciences et arts de la Marne, le capitaine

Boulard, vice-président de l'Association des médaillés de Sainte-Hélène, Aumignon et Mauclerc, membres de la Société vétérinaire.

Si je viens après les autres, d'une plume inhabile, rassembler tous les faits honorables de sa vie militaire et civile, c'est pour payer personnellement à l'homme de cœur, un hommage de reconnaissance pour l'affection qu'il m'a témoignée depuis mon enfance, et de nos regrets à tous pour le vénérable collègue que nous venons de perdre.

Claude-Nicolas Gayot naquit à Saint-Dizier, le 27 juillet 1777, de parents dont la position modeste leur permit de donner à leur fils une instruction suffisamment développée pour le temps, et une éducation virile qui éveillèrent en lui toutes les qualités dont il était éminemment doué.

Quand la Révolution éclata, il travaillait comme clerc de notaire dans une étude de Châlons; mais à cette époque, la carrière des armes était la seule possible; il fallut abandonner le notariat.

A 18 ans il fut admis (18 brumaire an IV, 1795), après un brillant examen, comme élève militaire du Gouvernement, à l'Ecole vétérinaire d'Alfort; là, il noua des relations durables avec ses professeurs et ses condisciples, dont plusieurs devinrent des princes de la science.

Depuis trois ans et quatre mois, il se livrait à l'étude avec ardeur, et des succès brillants avaient couronné ses efforts, lorsque le 18 thermidor an VII (1798), il fut appelé, avant la fin de son cours, comme vétérinaire en second au 15e régiment de cavalerie. Au bout de six mois, le 11 ventôse an VIII (1799), il revint à l'Ecole, où le 18 floréal an VIII, après deux mois environ, il obtint son diplôme et passa comme vétérinaire en premier au train d'artillerie de l'armée d'Italie. Son séjour dans ce beau pays d'où il ne revint qu'en 1814, demande quelques développements.

Je m'appuierai sur de nombreuses lettres et pièces émanant de ses chefs, de ses condisciples, de ses anciens professeurs, du directeur de l'Ecole d'Alfort, pour dire qu'il était à cette époque le premier vétérinaire de l'armée, pour ses connaissances en hippiatrique, pour la lucidité de ses rapports, pour la dignité de ses relations avec ses chefs, quel que fût leur grade, pour son aménité avec ses égaux et ses inférieurs.

Le soin qu'il a mis à conserver toutes les preuves honorables de ses éminents services nous permet de lire à livre ouvert dans sa vie et de le suivre pas à pas durant les quinze ans qu'il passa en Italie.

Malgré les embarras de la campagne, il entretenait une correspondance suivie avec Gohier, professeur à l'Ecole vétérinaire de Lyon, avec Chabert, directeur de celle d'Alfort, et tant d'autres savants dans son art, qu'il ne manquait pas de consulter dans les cas où il avait à donner un avis important sur les animaux dont la santé lui était confiée; une place de professeur et de bibliothécaire à l'Ecole de Lyon lui fut même offerte en 1805; mais il tenait à l'armée par l'affection de ses chefs; aussi fut-il bientôt attaché à l'état-major du grand parc d'artillerie de l'armée d'Italie comme vétérinaire en chef du train, avec des appointements relativement considérables, et le rang de sous-lieutenant. Il surveillait l'emploi des médicaments, la ferrure et le harnachement; ce qui ne l'empêchait pas d'être envoyé chaque jour sur tous les points de la division, à Campi, à Barri, à Tarente, à Beisiglia, pour faire au général en chef le rapport sur l'état sanitaire des chevaux, ânes et mulets. Il s'est trouvé à la bataille de Marengo, au passage du Mincio où il fut blessé d'un coup de feu à la tête, au passage de l'Adige, à la conquête du royaume de Naples, au siége de Gaëte.

Mais comment quitta-t-il le service de France pour entrer à celui du roi de Naples, alors notre allié ?

Le ciel de l'Italie l'avait enchanté ; il avait trouvé à Bologne un cœur battant à l'unisson du sien ; il rêvait de fixer ce cœur et de planter sa tente pour toujours dans ce beau pays.

Une circonstance vint seconder ses désirs. En 1806, le roi Joseph fut placé, par Napoléon, sur le trône de Naples, et fut autorisé à recruter dans les régiments français des officiers pour son armée.

Ecoutons M. Gayot expliquer lui-même cette phase de sa vie dans une note qu'il a laissée parmi ses papiers ; c'était après le traité de Tilsitt :

« En 1807, dit-il, l'armée française fut mise sur le pied « de paix et l'état-major général du train d'artillerie dont « je faisais partie fut disloqué ; je me trouvai alors sans « emploi ; mais M. le général De Don, qui commandait « en chef l'artillerie de l'armée française et du royaume « de Naples, me demanda si je désirais rester au service, « et dans ce cas, passer officier ; j'acceptai, quoiqu'il y « eût dans ma nouvelle position une grande différence « de traitement. M. le général De Don en écrivit en con- « séquence à S. E. le ministre de la guerre, qui l'auto- « risa à me comprendre comme sous-lieutenant dans « l'organisation du train d'artillerie napolitaine, où je « fus nommé par décret royal du 1er août 1807. »

Sa position hiérarchique était égale à celle qu'il occupait dans l'armée française ; mais il y avait loin de là à la position réelle qu'il y avait conquise, et aux avantages pécuniaires qu'il en retirait. Il eut confiance en son étoile ; et d'ailleurs il devait prochainement s'unir par le mariage avec sa bien-aimée Sérafina Fiorini, qu'il épousa à Naples, le 31 octobre 1807.

Sorti de l'armée française avec de nombreux certificats exprimant les regrets de ses chefs et de ses camarades, il ne pouvait manquer de voir son mérite apprécié dans le corps napolitain.

Il fut bientôt nommé lieutenant et choisi par les officiers comme payeur du bataillon, emploi qu'il conserva dix-huit mois pour passer en 1809 au commandement de la première compagnie.

Pendant ce temps, il n'avait point cessé, tout en faisant partie du service actif, de s'occuper de l'art vétérinaire, et on lui confia de nombreuses missions dont il se tira avec honneur.

En 1808, le roi Joseph était allé occuper le trône d'Espagne, laissant à Murat la couronne de Naples.

Ce dernier était, on le sait, le premier officier de cavalerie et le plus grand amateur de chevaux de son temps. Le nom de M. Gayot arriva à la connaissance du roi, et pour l'avoir près de lui, il l'appela en 1811, avec son grade, au commandement de la première compagnie du train d'artillerie de la garde royale.

Là il fut continuellement employé aux remontes de la cavalerie napolitaine et fit partie de toutes les commissions, où malgré l'infériorité de son grade, il avait toujours voix prépondérante.

Nous avons sous les yeux un grand nombre de rapports faits par lui au ministre de la guerre du royaume de Naples. Nous ne citerons que les principaux :

Histoire des remontes du 1er bataillon du train d'artillerie napolitaine.

Réflexions sur la race des chevaux napolitains par rapport au service du train d'artillerie.

Possibilité d'anéantir, au moins de diminuer les ravages occasionnés par les maladies contagieuses des chevaux, ânes et mulets dans le royaume de Naples.

Observations sur la visite des chevaux du 1er régiment de chasseurs à cheval.

Dans ces différents mémoires, on reconnaît à leur auteur la liberté d'opinion unie à une forme d'exquise urbanité servant de passeport à la plus grande franchise.

Le roi Murat voulut avoir entièrement à sa disposition le lieutenant-commandant Gayot et le nomma, le 20 mai 1812, inspecteur des haras royaux ; ses appointements réunis s'élevaient à 10,000 fr.

Ce n'est point une mince gloire que d'avoir été chargé de l'intendance des plus beaux haras de l'Europe.

Le directeur général fut appelé vers cette époque à la grande armée, et M. Gayot en remplit jusqu'au 1er novembre 1813 les fonctions avec toutes les prérogatives, exemptions et faveurs attachées à cet emploi qui de ce jour lui donnait accès à la cour. Il n'était point étonnant que le roi aimât à s'entretenir familièrement avec M. Gayot dont les connaissances spéciales ne se rencontraient pas souvent alors, même chez les directeurs généraux. La reine Caroline elle-même lui témoigna plusieurs fois de l'intérêt ; aussi le souvenir du roi et de la reine de Naples était resté vivant dans son cœur.

Il avait été désigné pour la décoration de l'Ordre des Deux-Siciles ; ses papiers nous apprennent que les événements empêchèrent seuls la réalisation de cette promesse.

Après le retour du directeur général titulaire, M. Gayot reprit le commandement du bataillon de guerre cantonné à Bologne et à Modène.

Il avait reçu l'avis de son prochain rappel à Naples, lorsque le bruit se répandit tout à coup que Murat allié à l'Autriche allait déclarer la guerre à la France. De là, grand émoi parmi les officiers français de son armée ; une proclamation du roi essaya de calmer cette agitation : il faisait briller à leurs yeux les plus rares faveurs, et leur faisait craindre la plus grande détresse s'ils retournaient en France.

Rien ne put arrêter la plupart d'entre eux, et malgré la belle position qu'il occupait à l'armée et à la cour, M. Gayot n'hésita pas ; il écrivit en ces termes au maréchal de camp de Livron commandant la cavalerie de la garde :

« Modène, ce 30 janvier 1814.

« Mon général,

« Les circonstances malheureuses dans lesquelles je « me trouve par rapport à la déclaration de guerre de « Sa Majesté à la France me forcent à me retirer de son « service et à vous remettre ma démission. Le zèle que « vous avez toujours reconnu en moi et la bonne volonté « que j'ai mise à me rendre utile sous plus d'un rapport « toutes les fois que le bien du service de Sa Majesté l'a « exigé, vous sont un sûr garant qu'il ne faut pas moins « qu'un motif aussi puissant que mes devoirs envers mon « pays pour la quitter.

« Je vous demande donc, mon général, que vous vou- « liez bien me continuer vos bontés en me faisant obte- « nir un passe-port ou une sauf-garde pour me rendre « en France avec ma femme et mes enfants, afin de ne « point être inquiété sur la route par les troupes napoli- « taines et autrichiennes. »

Ce ne fut qu'après avoir employé tous les moyens de persuasion pour le retenir, que le général fit délivrer à M. Gayot un sauf-conduit, et le 3 février 1814, il se présentait au commandant français de la place de Parme, qui le complimenta sur sa conduite.

Le général d'artillerie comte d'Anthouard, qui l'avait connu, l'accueillit à son passage à Plaisance où il le retint jusqu'au 25, époque où il obtint pour lui du ministre de la guerre, son admission comme lieutenant dans le corps impérial du train d'artillerie, avec ordre de se rendre à Paris où il recevrait sa destination. A Turin, il reçut les félicitations du prince Borghèse, gouverneur général des départements français situés au delà des Alpes; enfin, non sans peine, il atteignit Lyon avec sa famille le 1er mars 1814, et arriva le 20 du même mois à Paris, où il fut employé au parc général d'artillerie sous le colonel Noël qui le donna pour adjoint et pour directeur des bureaux, au chef de bataillon chargé des remontes. Il n'en fut pas moins employé activement pendant la campagne, et fut blessé d'une chute de cheval près d'Etampes; il assista à la bataille du 30 mars, sous les murs de Paris; le 8 juin suivant, il fut classé au 6e escadron du train d'artillerie en garnison à Strasbourg, et quelques jours après, il reçut l'autorisation d'aller attendre dans ses foyers, en demi-solde, l'époque de la réorganisation de l'artillerie.

Il vint fixer sa résidence à Sermaize, où il avait déjà envoyé sa femme et ses enfants.

Là il reçut un avis de réforme contre lequel il réclama, et fut mis en demi-solde de non activité le 20 décembre 1814. Il venait d'être porté comme candidat à la décoration de la Légion d'honneur.

Mais les événements se précipitaient; Napoléon était revenu de l'île d'Elbe. A la fin de mars 1815, M. Gayot était rappelé sous les drapeaux pour être envoyé à l'armée du nord, où il eut le commandement d'une compagnie au 1er escadron du train d'artillerie.

Il assistait à la bataille de Fleurus où il reçut un coup de bayonnette, et à celle de Waterloo où il eut un cheval tué sous lui.

Plusieurs actions d'éclat sont mentionnées dans ses états de service pendant cette campagne.

Enfin il fut mis en disponibilité le 1er septembre, et attendit à Sermaize son licenciement avec pension de retraite, qui fut signé le 31 décembre suivant.

Rentré dans la vie civile, M. Gayot y apporta les mêmes qualités qu'il avait montrées dans la vie militaire, et fixé à Sermaize, il s'y livra avec succès à l'exercice de la médecine vétérinaire.

Mais, hélas ! il ne tarda point à souffrir le premier des malheurs dont sa vie fut par la suite si souvent éprouvée : au bout de trois ans, il perdit son épouse.

Partagé entre sa clientèle et sa jeune famille, ses courses fréquentes privaient trop souvent celle-ci de ses soins ; il donna une seconde mère à ses enfants en épousant, en 1819, à Bettancourt-la-Longue, Mlle Sophie Plaict du Fresnay, aujourd'hui sa veuve, issue d'une famille distinguée des environs, et dont le père avait été officier au ci-devant régiment du roi.

Le 10 novembre 1821, il reçut le brevet de chevalier de la Légion d'honneur pour prendre rang du 25 avril précédent.

La résidence de Sermaize où il avait pour ami un érudit dont il aimait la société, M. Bénard, où il avait été nommé conseiller municipal, ne suffisait point à son activité ; il aspirait à des relations plus étendues, et en 1822, la place de vétérinaire du département étant devenue vacante par la mort de M. Langlois, son ancien condisciple, il fut appelé à Châlons pour remplir ce poste de confiance, dont le titre avec les émoluments lui fut conservé jusqu'à sa mort, en récompense de ses bons et loyaux services, malgré le décret qui l'avait supprimé depuis plusieurs années.

« C'est à la féconde initiative de M. Gayot, dit M. Duguet « dans le remarquable discours qu'il prononça sur sa « tombe, que le département de la Marne dut ses pre- « miers concours en faveur de l'espèce chevaline si né- « gligée jusqu'alors; sous sa puissante et infatigable « impulsion, nos élèves se transformèrent.

« Mais un de ses titres bien sérieux aussi à notre re- « connaissance, c'est le rôle considérable qu'il joua dans « la métamorphose de nos troupeaux, cette source pre- « mière de richesse pour la Champagne. »

Dès ce moment commencèrent entre M. Gayot du Fresnay et M. le vicomte de Jessaint, préfet du département de la Marne, des relations qui ne finirent qu'à la mort de celui-ci.

Tout le monde sait avec quelle sollicitude M. de Jessaint s'occupa de la formation du troupeau de race mérinos pure dite de Beaulieu, — nom de sa propriété ; c'est à M. Gayot qu'il confia la mission de former ce troupeau et de lui donner ses soins.

« Investi de toute la confiance de M. de Jessaint, dit « encore M. Duguet, et directeur des bergeries créées « par cet éminent magistrat qui avait entrepris de régé- « nérer notre industrie lainière, M. Gayot ne recule de- « vant aucune fatigue, aucun labeur; son action fran- « chit le département et s'étend au loin. »

M. Gayot était heureux, et si ses rêves de Naples s'étaient en un moment évanouis, il retrouvait dans son pays avec une position des plus honorables, l'amitié d'un homme haut placé et l'estime de tous.

La vie est étrangement mêlée de bonheur et de malheur !

En 1830, il eut la douleur de perdre sa fille aînée qui s'était faite religieuse ; deux ans après, la mort venait encore lui enlever une autre charmante enfant issue de son second mariage ; des consolations allaient bientôt lui arriver par la naissance d'un second fils et par les succès de son premier-né, M. Eugène Gayot, qui par son mérite et sa fidélité aux traditions paternelles, devint Directeur général des haras de France, et laissa cette position pour s'ensevelir dans le silence du cabinet, d'où sortent tous les ans des ouvrages sur l'agriculture et la science hippique, qui font autorité en France et à l'étranger.

En 1831, les officiers de la garde nationale de Châlons élurent M. Gayot du Fresnay comme chef de bataillon. La même année, il fut aussi élu membre titulaire résidant de la Société d'Agriculture, commerce, sciences et arts du département de la Marne, dont il mourut membre honoraire.

Les connaissances spéciales de M. Gayot furent très-utiles à cette Société qui le nomma membre de toutes ses commissions relatives aux animaux domestiques et à l'agriculture ; on a de lui de nombreux rapports qu'il rédigea jusqu'à la fin avec une méthode, une verve et une élégance peu communes.

Il fut élu après avoir présenté un mémoire sur la cachexie aqueuse, maladie qui avait, cette année là, dépeuplé une partie des bergeries de certains cantons.

Nous citerons en particulier le rapport qu'il fit sur les causes de la cherté des viandes de boucherie, et le remarquable compte-rendu des travaux de M. Aumignon aîné, vétérinaire, aujourd'hui notre collègue, où, selon l'expression de M. Emile Perrier, secrétaire, dans son procès-verbal, « en faisant l'éloge des qualités de son confrère, il se peignit lui-même. »

A quatre-vingt-dix ans, il assistait encore à nos séances, et le dernier rapport qu'il lut, quelque temps avant sa mort, sur un mémoire de M. Hémard, relatif à la viande de cheval comme alimentation, mérita les honneurs de l'impression. Il exerça longtemps les fonctions de vice-secrétaire, puis de secrétaire du comice agricole de Châlons.

Il n'était point seulement médecin vétérinaire habile et consciencieux, il était aussi vulgarisateur de la science.

Ce fut lui qui importa dans notre département la clavelisation ou inoculation de la clavelée aux bêtes à laine comme préservatif de cette terrible maladie.

Il fut le fondateur de la Société vétérinaire de la Marne, utile institution créée en 1846 ; il en rédigea les statuts et en conserva la présidence jusqu'à sa mort. « En 1846, dit M. Mauclerc, médecin vétérinaire à Reims, parlant au nom de ses collègues, avant que la terre ne couvrît le cercueil du doyen des vétérinaires de France, « frappé « des avantages qu'une Société groupant tous les mem- « bres d'une même profession pourrait produire au triple « point de vue des intérêts agricoles, des rapports pro- « fessionnels et confraternels, M. Gayot chercha et réus- « sit en effet à réunir en un solide et nombreux faisceau « tous les vétérinaires de la Marne.

« Les vues généreuses et larges d'un esprit ferme et « pratique furent accueillies avec le plus grand empres- « sement.

« A cette voix aimée, à cet appel parti du cœur, ses « confrères comprirent qu'un vénérable père désirait « s'entourer de tous les membres épars mais sympa- « thiques d'une même famille. »

En 1862 fut fondée à Châlons la Société des médaillés de Sainte-Hélène ; ce fut encore lui qui fut élu président, et à ses funérailles, M. le capitaine Boulard prenant la parole comme vice-président de cette Société, s'écrie avec chaleur : « Président de la Société des médaillés de « Sainte-Hélène, M. Gayot y apporta les précieuses qua- « lités dont on vient de vous entretenir ; nous pensons « pouvoir y ajouter que s'il possédait à un degré éminent « la mémoire des faits dont il avait été témoin pen- « dant sa longue vie, il n'avait pas moins la mémoire « du cœur. »

Nous ne devons point nous arrêter sans avoir payé un tribut de compassion à la douleur de ce père infortuné qui avait caressé l'espoir de voir son second fils Louis Gayot suivre les traces de son frère et devenir lui aussi une illustration. Elève brillant du collége de Châlons, il avait été l'émule de plusieurs jeunes gens offrant les plus belles espérances, tous tombés prématurément. Lui aussi mourut loin de son pays sous le drapeau de la France, en 1854, au camp devant Sébastopol. S'il ne repose point dans le tombeau de sa famille, au moins son nom y est-il inscrit sur le bronze comme un pieux souvenir, par ses amis et ses condisciples.

Nous ne taririons point sur cet homme de bien ; sa vieillesse fut environnée de la vénération de tous ; il vécut en sage et mourut en chrétien à l'âge de 90 ans 7 mois 27 jours, le 24 mars 1868.

Il serait superflu de parler de l'éclat de ses funérailles où toutes les classes de la société étaient représentées, et quoiqu'il eût atteint un âge auquel il est donné à un petit nombre de parvenir, on ne pouvait se faire à l'idée de ne plus revoir cette belle et sympathique figure.

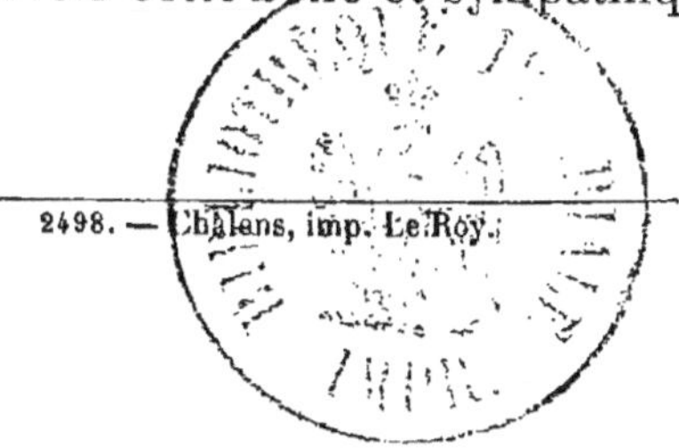

2498. — Châlons, imp. Le Roy.

BIBLIOTHEQUE NATIONALE DE FRANCE

www.ingramcontent.com/pod-product-compliance
Lightning Source LLC
LaVergne TN
LVHW010311230826
846091LV00007B/3093

9782011775276